21世紀南山の経済学⑧

学生時代に
キャリア力を身につけよう

近藤 仁

日本経済評論社

はしがき

　日本では，新規大学卒業者のうち 3 年以内の離職率が30％を超え，特に 1 年以内での離職は13％前後という高い水準にある。現在は少し低下傾向にあるが，依然として，10人に 1 人以上が， 1 年以内に企業を辞めていることになる。自分で将来設計を行い，希望する企業に就職したはずなのに，多くのミスマッチが発生している。この現状を憂慮して，本学経済学部では，学生のうちに自分の将来を見据えたキャリアについて考えてほしいということから，2009年度に，社会人基礎力を高めるため「キャリア科目」 3 科目を開設した。「自己とキャリアの形成」という科目を開設時から担当していることを踏まえて，将来のために学生時代にやっておくべきことを，この機会にまとめてみることにした。

　全体の流れにそって，この冊子で取り上げる学生時代にやっておくべきことを述べておこう。将来に向けた生活設計を描くためには，まず，自己の強みや弱みを知り，自己の行動特性を分析することから始まる。自分の特性を知らなくては，将来に対する具体的な姿も描くことができない。さらに，今後の生き方を考えるにあたっては，視野を広げ，多くの選択肢をもつことが必要となる。さらに，人として，社会の中で充実した生活を送るために求められる要素に，コミュニケーション力がある。コミュニケーションの基礎には，お互いの信頼が必要であり，信頼のないところにコミュニケーションは成り立たない。信頼を得るためには，自分や自分の意見を素直に表現し，相手に理解してもらうプレゼンテーション力の育成が重要となる。

　目的を持たずに生活している人はいないであろう。目的・目標と，それを達成するための手段等について，それらの関係を明確にし，有効な戦略をたてることが大切である。また，目標に向けた具体的実施計画を立て実行結果

をチェックし，問題点を把握すると同時に，必要に応じて計画の見直しを行うというサイクルを身につけていなければならない。

　最後に，学生時代に，社会人としての行動原則の基礎「報告_{ホウ}・連絡_{レン}・相談_{ソウ}」を正しく身につけることが重要である。また，目標を達成するための戦略アイデアを作るためのグループワークの方法を学び，自分のモノにしておくことも大切である。

目　次

はしがき　i

1. 「キャリア」とは何だろう ……………………………………………1
　　〈キャリアとは〉　1

2. 自分を知り，視野を広げ，人間力を高めよう ………………9
　　〈自己を知る：行動特性と強み・弱み〉　9
　　〈視野を広げる〉　12
　　〈人間力を身につけよう〉　15

3. コミュニケーション力を身につけよう …………………………17
　　〈人と語る：コミュニケーション〉　17
　　〈人に語る：プレゼンテーション〉　21
　　〈メールによるコミュニケーション・マナー〉　24

4. 将来に向けての目標を立てよう ………………………………25
　　〈キャリア形成のための戦略〉　25
　　〈目標達成への道：PDCA サイクル〉　27

5. キャリアアップの前に，社会の常識を守ろう ………………31
　　〈人としての行動原則：報告・連絡・相談〉　31

6. 目標達成に向けて，グループでアイデアをだしてみよう ……35
　　〈ブレインストーミング（brainstorming）と KJ 法〉　35
　　〈SWOT 分析〉　37

まとめ　41

あとがき　45

1. 「キャリア」とは何だろう

　ここでは，テーマであるキャリアについて考えてみよう。大学卒業者の就職後早い時期での離職率の上昇，つまり就職のミスマッチの増加，という問題点を背景に，大学でのキャリア教育の必要性が高まってきた。これに対処するために，政府がとってきたキャリア教育政策をみたうえで，それを受けて，経済産業省の提案した，大学を卒業し，社会人になる前に身につけておくべき「社会人基礎力」の内容を紹介する。

〈キャリアとは〉

「キャリア（career）」という言葉が，「キャリアアップ」「キャリア開発」「キャリア形成」「キャリア教育」「キャリアデザイン」などの形でよく用いられるが，『大辞林』によると，キャリアとは
　（1）経歴，経験
　（2）職業。特に専門的な知識や技術を要する職業。また，それに就いている人
　（3）日本の中央官庁で，国家公務員試験I種合格者
と書かれている。しかし，（3）はいわゆる「キャリア組」というような特別な意味を持つので除外したとしても，最近用いられている「キャリア教育」「キャリアデザイン」という言葉における「キャリア」は，（1）や（2）を超えるもっと広い意味で捉えるべきであろう。（1）のように経験といった過去にのみこだわるのではなく，将来に向けた生活設計も含み，また，（2）の職業あるいは就業という仕事に関する狭い意味として考えず，広く人生における生活や生き方そのものとしてとらえ，ここでは，キャリアを「生涯にわた

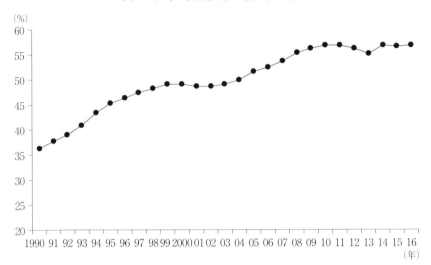

図1　大学（短期大学を含む）進学率

資料：文部科学省「学校基本調査」。

る生活・生き方」と考えることにする。つまり，人として，家族として，社会人としての社会生活から，仕事を終えた後の生活までを含む人生そのものの生き方を意味する概念としてみることにしよう。この本では，キャリアについて自分でじっくり考え，人間力・生活力を向上させ，社会生活を充実させるための考え方やそのための方策について，いま，学生時代になすべきことを中心に考えていく。

　本題に入る前に，なぜキャリアというものが重視され，「キャリア教育」の必要性が叫ばれ，推進されてきたか，その背景を探ってみる。

　1990年代に入ると，少子高齢化が進み，パート労働者や共働き世帯が増え，グローバル化が広がるとともに，大学進学率も大きく上昇してきた（図1）。短期大学への進学も含めると大学への進学率は，全体で1990年の36％から99年には49％へと急激に上昇し，さらに2007年には50％を超え，2015年には，55％にもなっている。

　また，90年代初めには100万人であったフリーターも増加の一歩をたどり，

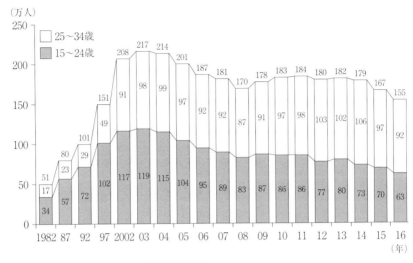

図2　フリーター数の推移

資料：総務省「就業構造基本調査」「労働力調査」。

2003年には217万人を記録し，その後は減少しているが，現在でも170万人前後という状況である（図2）。フリーターとは，一般に，15歳から34歳で，正規の職についていないもの，アルバイトなどの仕事をしているものをいう。若い頃にフリーターになると，30歳前後になっても依然として定職に就けず，フリーターとして生活している人が多いことが，グラフから読み取ることができる。さらに，大学卒業就業者の在籍期間別離職状況をみると，新規大学卒業者の就職後3年以内の離職率は，90年代初めの25％から，半ばには30％を越え，さらに2000年になると35％に上昇している（図3）。最近でも30％強の水準となっており，厚生労働省も「大学を卒業して就職した者の，3人に1人が3年以内に離職する」と就職のミスマッチを懸念している。特に，1年目の離職率が高いことが問題で，離職の理由は，残業時間が長い，給与が低いといった待遇面での不満や，「やりたいと期待していた仕事と違う」など自分の理想とのギャップからの不満，さらにコミュニケーションがうまく取れないといった人間関係などが挙げられている。しかし，1年目に

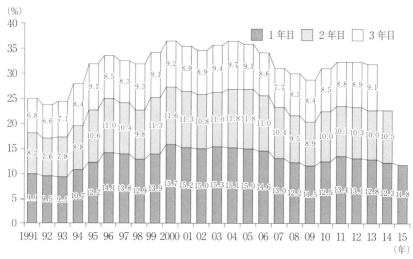

図3　新規学校卒業就職者の3年以内離職率（大学）

資料：厚生労働省「新規学卒就職者の在職期間別離職率の推移」。

　離職する人々は，就職するにあたって将来のビジョン（目標）を持っていたのだろうか。自己実現に向けた経験という点からの具体的な目標を持っていたのだろうか。また，仕事の内容をどこまで理解していたのだろうか。
　1990年代から大きく取り上げられてきたこのような問題に対して，政府は，学生の大学における学びに対する目的意識の明確化，さらに若者の職業観や就業意識の育成や自立心の向上などを促進するために，キャリア教育を推し進めてきた。
　1997年に閣議決定された「経済構造の変革と創造のための行動計画」のなかで，人材育成の方途としてインターンシップが明確に位置付けられた。インターンシップは，「学生が在学中に自らの専攻，将来のキャリアに関連した就業体験を行うこと」として幅広くとらえられ，就業意識の育成や就職のミスマッチを低減させることに有効であると考えられた。当時，文部省（現・文部科学省），通商産業省（現・経済産業省）および労働省（現・厚生労働省）が共同してその推進に携わった。東海地域は，インターンシップ推

進モデル地区として認定され，そして産学官連携による取り組みを基本として，1997年「インターンシップ導入研究会」が立ち上げられた。2回のモデルプロジェクト実施後，99年には「東海地域インターンシップ推進協議会」が発足した。現在も，東海3県の32大学・短期大学・高等専門学校が加盟し，企業や官庁と協力して多くの学生のインターンシップを後押しし，学生のキャリア向上に貢献している。

　また，文部科学省関連では，1999年中央教育審議会答申「初等中等教育と高等教育との接続の改善について」において，キャリア教育を推進する必要性をあげ，それを「望ましい職業観・勤労観及び職業に関する知識や技能を身につけさせるとともに，自己の個性を理解し，主体的に進路を選択する能力・態度を育てる教育」としている。2006年には，「小学校・中学校・高等学校キャリア教育推進の手引」において，

　(1) 人間関係形成能力（自他の理解能力とコミュニケーション能力）

　(2) 情報活用能力（情報収集・探索能力と職業理解能力）

　(3) 将来設計能力（役割把握・認識能力と計画実行能力）

　(4) 意志決定能力（選択能力と課題解決能力）

を「キャリア教育」におけるキーワードとして示している。報告書から，それぞれの具体的内容説明を抜き出すと，(1) 他者の個性を尊重し，自己の個性を発揮しながら，様々な人々とコミュニケーションを図り，協力・共同して物事に取り組む力を育成すること，(2) 学ぶこと・働くことの意義や役割およびその多様性を理解し，幅広く情報を活用して，自己の進路や生き方の選択に生かす力を育成すること，(3) 夢や希望を持って将来の生き方や生活を考え，社会の現実を踏まえながら，前向きに自己の将来を設計する力を育成すること，そして(4) 自らの意志と責任でよりよい選択・決定を行うとともに，その過程での課題や葛藤に積極的に取り組む力を育成すること，となっている。

　さらに，2011年には，「今後の学校におけるキャリア教育・職業教育の在り方について」と題した答申で，「キャリア教育」を前面に打ち出し，大学

図4　社会人基礎力とは
（3つの能力/12の要素）

出所：経済産業省のウェブページ「社会人基礎力」より引用（http://www.meti.go.jp/policy/kiso-ryoku/index.html：2017年7月6日アクセス）。

教育における「社会的・職業的自立」の重要性を強調している。

　この間，2006年には経済産業省が図4のような「社会人基礎力」を，2008年には文部科学省が「学士力」を大学教育の参考指針として公表した。ここでは，「社会人基礎力」について簡単に説明しておこう。第1に「前に踏み出す力（アクション）」は，［一歩前に踏み出し，失敗しても粘り強く取り組む力］を意味しており，具体的には，自分の意思で考え決定する「主体性」，他の人を議論や行動に巻き込み一緒に活動する「働きかけ力」，実際に最後までやりぬく「実行力」という言葉が挙げられている。これは，自分から積極的に行動を起こすことが大切であるが，単に一歩前に踏み出すことではなく，もしその一歩が失敗しても，粘り強く何度でも取り組む力を持つこと，

またその一歩がうまくいったら次の一歩を踏み出す姿勢を持つことの必要性を説いたものである。したがって，「チャレンジしたが，失敗したからやめた」ではこの基礎力が備わっているとはいえないし，「一つの目標を達成したから，もういいや」ではなく，より高い目標にチャレンジする気持ちを持つべきである。

第2は「考え抜く力（シンキング）」で，［疑問を持ち，考え抜く力］と説明されている。なぜ思ったとおりに勉強や仕事がはかどらないか等について課題を探り問題点を見つける「課題発見力」，目的に沿った計画をたて，柔軟な変更も視野に入れておく「計画力」，新しいことを考え付く「創造力」などが含まれている。ここで重要なことは，「疑問を持つ」ことと，「考え抜く」ということである。ニュートンはリンゴが落ちるのを見て，「リンゴは落ちるのに，なぜ月は落ちてこないのか」と疑問を持ち，力学や惑星運動などに関するいろいろな仮説を検証することによって，万有引力を発見したという逸話がある。身近なことに「なぜ！」「どうして！」という疑問を持つことによって，興味が広がり，理解を深めたいという意識や，問題を見つけ，解決しようする気持ちが生まれる。また，自分でその疑問を解くために，いろいろな側面から試行錯誤して，原因を考えてみることが大切である。

最後は，「チームで働く力（多様な人と共に，目的に向けて協力する力）」である。自分の意見を持ち，どのような場でも述べることができる「発信力」，他の人の意見を聞き，理解しようと努める「傾聴力」，自分の意見だけを主張するのではなく，他の人の考えも受け入れて，自分の意見を見直す「柔軟性」，今何が大切か，何を求められているのかを判断する「状況把握力」，規則やその場のルールなどを守る「規律性」，自分の精神的・肉体的なストレスを発散でき，いつも自律的に行動できる「ストレスコントロール力」となっている。ここで重要なことは，「多様な人」と一緒に，意見交換をしながら，ひとつのことにむけて「協力」し，すべての人がチームに「貢献」することである。友人や仲間といった親しい人とのグループではなく，立場や年齢も異なる人や面識のない人との集まりのなかでもコミュニケーション

図5 社会(企業)で求められている力

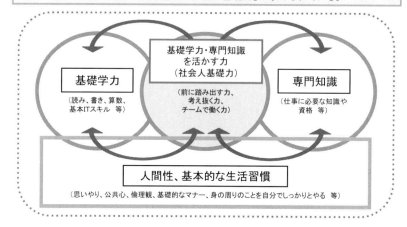

出所:経済産業省のウェブページ「社会人基礎力」,社会人基礎力説明資料(3つの能力/12の能力要素など)より引用(http://www.meti.go.jp/policy/kisoryoku/index.html:2017年7月6日アクセス)。

がとれ,目的に向けて一緒に努力することができる力が求められる。また,チームで協働するときに欠かすことのできない規律を守るということや,自分でストレスをコントロールするといった自己管理力も身につけておかなければならない。

しかし,社会人として求められているものは,いわゆる「社会人基礎力」だけではないと,経済産業省は述べている。図5に描かれているように,読み書きやIT操作の基本的スキルなどの基礎学力や,社会人として必要な最低限の専門知識が必要であり,思いやりなどの人間性,さらには基本的な生活習慣を身につけて,初めて社会人として求められている力がつくという。

これらの基礎力をつけ,社会人としてのキャリアを形成するために,まず,何をすべきかを考えてみよう。

2．自分を知り，視野を広げ，人間力を高めよう

　社会人基礎力をつけ，キャリアを育成するためには，自分の強みや弱みを知ることが第1である。自分の強みを考えるときには，自分の行動をさかのぼって，行動特性を知ることが必要である。さらに，視野や行動パターンが狭いと感じることはないだろうか。広くモノを見ることができれば，行動パターンも広げることができる。視野を広げるための方法としてのマインドマップを学ぼう。最後に，自分の特性を知って，社会人基礎力を身につけたら，社会の一員として認められるために，人としての魅力である人間力を追加しよう。

〈自己を知る：行動特性と強み・弱み〉

　「彼れを知りて己れを知れば，百戦して殆うからず。」という有名な言葉がある。これは，紀元前6世紀頃の中国，春秋時代の武将である孫子が記した兵法書『孫子』の「謀攻篇」の一節である。さらに，この文章には，「彼れを知らずして己れを知れば，一勝一負す。彼れを知らず己れを知らざれば，戦う毎に必ず殆うし。」と続く。つまり，自分の強みや弱みを知って初めて，自分が求めたものを達成できる可能性が出てくる，さらに相手を知ればどのような状況においてもその可能性は高まるということを示唆している。では，自分の強みや弱みを知るとはどういうことで，どうすればよいのか考えてみよう。

　まず，あなたが高校生や大学生であれば，高校1年生からの行動記録を時間軸に沿って思いつくままに書き出してみよう。行動記録では，成功体験として頑張って成し遂げたことや，失敗体験で大きく落ち込んだことなどをで

きる限り多く思い出してみることである。大きな成功や失敗でなく，日常で「やった！」と思ったこと，「やってしまった！」と悔やんだことで良いので，振り返ってみよう。そこでは，たとえば，

・頑張ったこと

　「具体的に何をしたのか」，「その目的は」，「なぜそうしたのか」，「結果はどうであったか」，「一番困ったことは」，「どう対処したのか」，最後に，「みんなからの評価は」，

　また，

・落ち込んだことでは，

　「その原因は」，「どのように落ち込んだのか」，「どのようにして立ち直ったか」，「なぜ立ち直れたと思うか」，「立ち直るのにどれくらいの時間がかかったか」，

などについて考えてみよう。

　自分の行動をじっくり眺めることによって，自分の行動特性（コンピテンシー）を知り，そこから自分の強みを捉えることができる。また，物の見方に対する自分の特性も知ることができる。

　例を挙げてみよう。A君が，高校3年生の修学旅行でグループ行程を決めるときの話である。グループのリーダーではなかったが，調べることが好きだったので，3日間かけて雑誌やWebを駆使して情報を集め，グループでの話し合いの資料とすると同時に，見どころや経路を含めた行程案も示した。提案した行程案から出発して，白熱した議論の結果，グループ全員ですばらしいスケジュールを作成し，意義のある楽しい修学旅行とすることができた。グループの皆から大いに感謝された。

　さて，この例から，A君の行動特性について考え，強みを引き出してみよう。第1に，自分の意志で3日間もかけた情報収集というところから，物事に対する主体性や積極的な探究心が挙げられる。第2に，自分で案を作成しグループ全員が議論をしやすくしたことから，他の人を巻き込む力があると考えられる。

誰でも必ず強みは持っているし，ひとつだけではない。ただ，自分では気づかなくて，自分には何も強みや人に誇れるものがないという人を良く見かける。自分の行動特性をよく観察してみよう。目立つ行動ばかりが強みではないことを理解すべきである。社会人基礎力にもあるように，人の意見にしっかりと耳を傾けて，その人の言いたいことを理解する力と，そこから課題を発見する能力，直面する状況で何が重要か何をなすべきかなど状況を把握する力，どんな時でも約束や規則を守るという責任感や規律性，も大切な要素である。自分の強みとは，他の人と比較して「これは負けない」「これは自信がある」というものと考えればよい。

　逆に，目立つ強みを持っていると思っている人，たとえば，積極的に自分の意見を言うことができることが，強みだという人がいたとしよう。しかし，その人が，他の人の意見に耳を傾けずに自分の意見だけを主張したり，話題の状況が把握できておらず，その場にそぐわない「トンチンカン」な発言をしたりすれば，それは強みではなく弱みになってしまう。

　また，注意しなければならない重要なことがある。強みは，どのような状況においても強みになるものではない。たとえば，優秀なピッチャーが欲しいチームに，打率は常に3割を超えているといって自分の強みをアピールしても，評価してもらえないだろう。創造力に優れた IT 技術者を求めている企業に，働きかけ力という強みを持っており営業で仕事をしたい人が応募しても，ミスマッチとなる。このように外部事情によって，強みが評価されないこともある。しかし，人よりも勝っていると自分で思える強みが，少なくとも3つくらいは発見できるはずであるので，しっかりと自分の行動原則を見つめてみよう。

　今まで考えてきた「強み」というものに加えて，「長所」という見方もある。一般的に，強みは他の人と比べて優位なものであるが，長所は比較されるものではなく自分に備わった客観的な優位を意味する。たとえば，明るい，素直な，まじめな，誠実な，勤勉な，思いやりがある，理解力のある，積極性がある，責任感が強い，決断力がある，向上心が強い，好奇心が強い，何事

にも興味を持つなど，まだまだ多彩なものがある。

　このように，自分の行動を振り返ることによって，行動特性を認識し，自分の強みや長所を知り，それを生かすような意思決定を行うことが大切である。最近，企業の採用面接で，「学生時代の最も大きな失敗（挫折）は何ですか？」「どのようにして乗り越えましたか？」という質問を受けることが多くなっている。この質問に続いて，「乗り越えるために，なぜ，その方法を選んだのですか？」「他にはどのような選択肢があったのですか」「選択した方法で問題は起こらなかったですか」「もう少し具体的に教えてください」などの深掘りをする内容を尋ねられる。これは，個人の価値観や行動軸などを知り，何を大切にしているか，どんなことを考えているか，どういう行動をとるかなどの行動特性から，将来性を判断する材料にしている。

　〈視野を広げる〉

　ここでは，物の見方について考えてみよう。まず，よく聞く有名な話を出そう。

　・あなたのまえのテーブルにコップがあり，半分水が入っています。あなたは「半分も水が入っている」と思いますか？　それとも「半分しか水が入っていない」と思いますか？

　Ａさんは前者，Ｂさんは後者だと言うが，あなたはどう思うだろうか。人は同じ物を見ても，あるいは同じ情報を得ても，そこから想像したり判断したりする内容は，個人によって異なることが一般的である。ＡさんとＢさんのどちらが正しいかという判断は無意味であり，不可能である。考え方の違いを理解し，他の人の考え方や見方を尊重することが大切であり，自分の視野を広げることにつながる。もし理解できないときには，そのような見方になる理由を聞いてみるのも良いだろう。

　このコップの水では，前者を選んだ人は，「まだ」ということから，今からでもやれることはある，機会はあると，将来に向けてのプラス思考の人で

あり，後者を選んだ人は，「もう」という意識で，今後に対する積極的なことを考えられず，マイナス思考の人といわれることがある。ただし，これが正しいかは不明である。同じ人であっても，健康状態や気分によって，選択が変わることもあるだろう。

　自分の考え方を整理したり，想像力を高めたりするには，トニー・ブザン（Tony Buzan）の提案した「マインドマップ」を利用してみるのも良いだろう。簡単に言えば，1枚の紙の中央に，表現したいテーマのキーワードを書き，そのテーマから連想されるいくつかのかたまりをなす言葉を，はじめのキーワードから放射線上に繋げていき，それぞれについて連想されるものを，また外側へ放射線状に繋げ，これを繰り返していく方法である。

　キーワードは，名詞でも形容詞でも動詞でもよく，発想の視点としては，人や物，動物・植物，風景や環境・空間，変化や動き，感覚などがある。このように身近なものから目に見えないものまで多彩な視点があるが，単純に見るだけでは，想像力を高められない。創造力や発想力を高めるには，はじめは意識して観察し，感性や感受性を磨くことが必要である。感性や感受性とは外からの刺激を直感的に受け入れる能力であり，同じような意味で使われることが多いが，感情で捉えるのが感受性で，それを理性で感じ取るのが感性と思っても良いだろう。難しそうに聞こえるが，まず，本を読んだり，色々なことに興味を持ったり，新しいことを経験したりして，深く感じ，刺激を受け，感動することである。もっと身近なことで言えば，「今日は空が青くて高いなあ」，「風が気持ちいいなあ」と感じたり，「この料理，おいしいなあ」と感激したりする気持ちを忘れないようにしよう。

　これによって，関連することを想像したり，想像を豊かにしたり，広くものを考えたりでき，さらには創造力を身につけることができるようになる。また，マインドマップを描いた後で友人と見せ合って，連想の違いを話し合ったり，時には，数名のグループで意見を出し合いながら一緒に描いてみたりするのも面白い。

　友人との旅行計画を例に挙げて紹介しておこう。旅行の行き先，日程，手

図6 マインドマップの例（旅行計画）

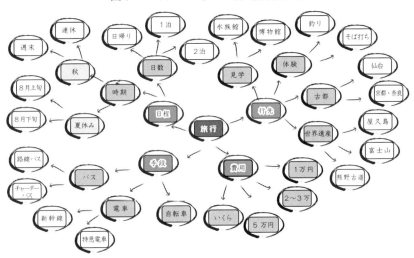

出所：筆者作成。

段，費用というキーワードを想定してみよう。これですべてではなく，まだまだ広げることができるし，たとえば，行き先をテーマとして，描いていくこともできる。このマインドマップ（図6参照）は，視野を広げるのに役立つだけでなく，計画を立てるのにも役立つ手法である。また，10年後の自分を想像して，連想できるものを繋げていくことも，想像の幅が広がり面白いだろう。

　視野を広げるには，いつもと異なった環境に自分をおくことも有意義である。旅行や海外留学などもよいが，企業のインターンシップも非常に役に立つ。企業という環境の下で，働くということを体験すると同時に，働いている人を観察することにより，社会人は何を「意識して」行動しているのかを感じ取ることができ，自分に不足しているものを認識することができる。注意すべきことは，自分がなんとなく興味を持っている業種の企業でのイン

ターンシップを希望する人が多いが，まったく知らない業界でのインターンシップも視野を広げることになり，中堅企業でのインターンシップでは，社長などの経営者は何を考えているのかを知るよい機会になる。インターンシップは，あくまでも「就業体験」である。

〈人間力を身につけよう〉

　最後に，人間力について考えてみよう。人間力については，2003年4月に内閣府に設置された人間力戦略研究会が発表した『人間力戦略研究会報告書：若者に夢と目標を抱かせ，意欲を高める～信頼と連携の社会システム～』が参考になる。この報告書では，人間力とは，社会を構成し運営するとともに，自立したひとりの人間として力強く生きていくための総合的な力と述べられている。言い換えると，社会人基礎力や基本的知的能力・専門的基礎知識を備え，常に向上心を持って，社会の一員として他者を思いやり，人を尊重し，人としての生き方を追求していく力，つまり人としての基本ということになる。

　このような人間力を育てるためには，どうすればよいだろう。「感動する」ことと「感謝する」ことが大切であると思う。たとえば，富士山やグランドキャニオンの雄大な景色を見たり，日本古来の能や歌舞伎を鑑賞したりしたとき，歴史的価値や荘厳さなどを意識して，心に感じたままに，素直に言葉にしてみよう。また，アジアの開発途上国の国に小学校を建設するというボランティアに参加した話を聞いたりしたときには，行動力があるなと思うだろうし，小説を読んで，自分が主人公になったような気分にさせられることもあるだろう。もっと身近なことで言えば，毎日の通学路の道端に咲いている花を，意識して見ると，こんなところで頑張っているなと感じることも，感動である。感謝の気持ちについては，説明するまでもないだろうが，まず意識して，感謝の気持ちをもち，「ありがとう」を言葉にすることが大切である。人に，自然に，感動や感謝の気持ちを，素直に出してみよう。

3．コミュニケーション力を身につけよう

　この単元では，コミュニケーションについて考えていこう。コミュニケーションとは，情報や価値観を「共有」することであり，そこで大切なことは，お互いの「信頼」である。そのためのポイントを紹介しよう。次に，コミュニケーションの基礎となる自分の意見を相手に伝えるプレゼンテーションについてのポイントを説明する。最後に少し話は変わるが，メールにおけるコミュニケーション・マナーについて考えていくことにする。

　〈人と語る：コミュニケーション〉

　人とコミュニケーションをとるのが苦手という話を良く聞く。ここでは，コミュニケーションをうまくとるための方策を考えてみよう。コミュニケーションとは，組織としての社会生活において，人々の間で行われる言葉や身振り，画像などの手段によって，考えや思い，さらには情報を伝達し，「意思疎通」によって，その内容や価値観をお互いに"共有"することであり，相互交流である。その基礎にあるのは，お互いの「信頼」であると考えられる。

　多くの人が不安を抱く，会話によるコミュニケーションについて考えてみよう。2人あるいは少人数で話す場面や，グループワークや会議などの10名前後のグループで話す場面を思い浮かべることができるだろう。この場面での，コミュニケーションの目的は，自分の意見を他の人に伝え，理解し，納得してもらうことである。

　まず，理解し，納得してもらう前提となる信頼を得るための第1のキーポイントは，自分の心を開き，心を添えて，自分から働きかけることである。

コミュニケーションがうまく取れないという人は，自分で殻を作り，自分の心を開いていないことが多い。話を突っ込まれたくない，弱みを見せたくないといった気持ちから，保身に走る人がいるが，人それぞれにいろいろな考えがあり，自分の考えにいつもみんなが賛同してくれるとは限らない。そんな時には，「なるほどそんな考えもあるのか」と自分の視野を広げられるチャンスだとプラス思考を持って解釈すべきである。心を開いた会話こそが信頼を得られるものであり，コミュニケーションがうまくいく基本である。

　理解・納得してもらうために重要な第2のキーポイントは，会話のキャッチボールを常に意識した，話の伝え方と聞き方である。まず，相手に何を伝えたいのかを整理し，結論からわかりやすく論理的に話すことを心がけるべきである。一方的に自分の主張を話すだけでは，理解を得ることはできない。たとえば，聞き手として，意見を求められた場合，「はい」とか，「そう思います」だけでは，話の内容を理解してくれているのか，相手が不安になり，会話が続かないことになる。話し手の立場を自分に置き換えて，上手な聞き手になることが大切である。たとえば，納得したり共感した場合などには，頷いたり，相槌を打ったり，理解した内容を繰り返してみたりすることが重要である。また，感動した場合には，その気持ちを言葉に出すことが大切である。そうすると，話し手はもっと打ち解けて，話が続いていくだろう。

　第3のキーポイントは，相手の話を遮らず，最後まで聞くことであり，否定しないことを心がけるべきである。自分が話しているときに，途中でさえぎられるのはイヤなものであり，失礼だと感じるだろう。話している人の立場に立って，何を言いたいのかを考えながら，最後まで聞くことが大切である。最後に重要な結論が述べられるかもしれない。また，相手の話を否定しないこともコミュニケーションには重要である。まず話をじっくり聞き，相手の意見を受け止め，「その主張には基本的には賛成です」と肯定的な返答をし，それに追加したい，あるいは別の視点での意見があるときには，「それに加えて，○○という観点からの見方も考慮したほうが，主張の幅が広がると思います」などと，相手の立場を尊重することが良いコミュニケーショ

ンを作るコツである。

第4は，態度も大切な要素であるということである。会話によるコミュニケーションといっても，会話は言葉だけではない。表情・しぐさ・服装などがある。表情では，笑顔や視線が大切な役割をする。怖い顔をしていたり，相手の眼を見ていなかったりすれば，話を聞く気持ちがもてなかったり，話を進める気持ちがなくなったりして意思の疎通が成り立たない。笑顔で，自分のほうを見てくれていれば，話しやすく会話が弾むだろう。しぐさについては，顔や手，あるいは体全体を使うことは効果がある。納得した場合には，頷くことで意思表示をしたり，自分の意見を強調するために，手を使ったりすることなどによって，コミュニケーションがとりやすくなる。

第5には，話題の豊富さである。キーポイント1から4までは，話し方や聞き方について考えてきたが，ここでは，会話における話題について考えてみる。よく話す話題がない，何を話せばよいかわからない，という質問を受ける。趣味や社会的話題などをテーマに，共通の話題を会話の中から見つければよい。そのためには，第2のポイントでも述べたが，自分の趣味を具体的に話すことから始めてみよう。たとえば，野球が好きならば，「私は野球が好きで，○チームを応援しに球場にも行きます。今年，○○選手がんばっており，成績が良くて楽しみです。あなたは，野球はどこのチームが好きですか」と，自分のことをまず話題にしてみる。もし，相手が野球にはあまり関心がなく，「コンサートを聴きに行くのが趣味です」と答えれば，「コンサートを聴きに行ったことはないのですが，最近良かったコンサートはありますか」とか，「どんなジャンルのコンサートに行かれるのですか」とか会話をキャッチボールすることができる。

社会や文化の分野で話題になっているテーマや自分で興味を持っているテーマなどについての知識を雑学として持っていると，話題が増える。たとえば，星座に興味を持っていて，季節で見える星座や星を観察している。あるいは，野山を歩くことが好きで，花や鳥についてはよく知っている。また，走ることが好きで，ハーフマラソンやフルマラソンにも参加している。趣味

があれば，コミュニケーションのきっかけを見出すことができる。

　しかし，これらのポイント以上に大切なものがある。それは，相手の目を見て，笑顔で，大きな声で「挨拶」することであり，そこから意思疎通が始まる。挨拶は，自分の心を開き，相手の存在を認めることに役立ち，そこから互いに相手に認められているという満足感や安心感が生まれることになる。

　幼稚園や小学校のときには，必ず挨拶をしていたし，近所の人たちにも挨拶をしていたはずなのに，中学，高校，大学と進むにつれて，友達以外とは挨拶をしなくなっている。これが初対面の人とコミュニケーションがとれない理由でもある。インターンシップで企業へ就業体験に行って「挨拶の大切さを知りました」という学生がいるが，社会人としてのビジネスマナーに「挨拶の仕方」ではなく「挨拶の重要性」が書き加えられるようになってきている。学校だけでなく，企業でも「挨拶のオアシス運動」が取り上げられているところがある。「オ」は「おはようございます・こんにちは（気持ちを伝える相手はあなたですという，対象としての相手の存在を認める気持ちを表す）」，「ア」は「ありがとうございます（感謝の気持ちを示す）」，「シ」は「失礼します（コミュニケーションの終了を示す）」，最後に「ス」は「すみません（謝罪の気持ちを表す）」である。挨拶は，心と心の会話として捉えられるべきであり，ここから，信頼が生まれ，豊かなコミュニケーションへ広がっていくのである。

　初対面の人との会話での切り出しが，苦手という人も多い。何を話せば良いかで悩んでしまうことがある。まず，ポイントの最後に上げた，笑顔でしっかり挨拶をする。自己紹介で，自分の名前の由来を紹介するのもよいだろう。会話に入りにくければ，天候の話でもニュース報道での話題でも良いので，共通の話題から始めよう。しかし，会話はキャッチボールであることから，「今日は暑いですね！」「そうですね！」などで，終わらないように注意し，「最高気温は何度ぐらいまで上がりますかね！」と切り返したり，再問いかけしたりすることを意識しよう。また，第5のポイントでも述べたように，趣味の話も話題になりやすく，自分できっかけを作り，相手の話も十分

に聞くようにしてみよう。最後に，自分の知らないことを尋ねるのも，きっかけになるかもしれない。

　他にも，話は「短かく」を意識して，また，具体的な内容で，などが考えられるが，まずはここで挙げた挨拶と5つのポイントを大切にして，信頼を得ることを心がけよう。

　さて，今までは，2，3人や小グループでのコミュニケーションについて述べてきたが，多人数の講演などにおけるコミュニケーションについては，プレゼンテーションという観点から考えてみよう。

〈人に語る：プレゼンテーション〉

　まず，プレゼンテーションの基礎として，自分自身を表現することを考えてみよう。自分の強みを確認し，行動する基準や考え方，人とのかかわり方もわかったところで，自分自身の紹介や自分の意見を表現（プレゼンテーション）することを学ぼう。プレゼンテーションとは，自分の意見や情報，または気持ちなどを，相手に伝えるだけでなく，相手に興味を抱かせ，自分の意見などを理解してもらうことである。つまり，コミュニケーションの第一歩として重要なことである。

　プレゼンテーションは，コミュニケーションと同じように，手段として言葉と文字があり，伝えたい相手の人数によって，プロジェクト報告会などの数名のグループ，講演などの不特定多数の場合に分けられる。さらに，グループや講演などにおけるプレゼンテーションでは，5W1Hを考える必要がある。「Who（誰に：対象）」，「Why（なぜ：目的）」「What（何を：内容）」，「Where（どこで：場所）」，「When（いつ：時間）」，そして「How（どのように：会話・資料・機器）」を考えて，内容を整理し，組み立てることが大切である。

　さて，プレゼンテーションでは，内容の組み立て（Program），話の伝え方（Presentation skill, Plat form skill），人柄（Personality）の3Pが重要

であるといわれることがある。内容の組み立てとして最初にもってくるべき
は，結論である。次に，その結論に達した大まかな経緯を論理的かつ具体的
に述べ，最後にもう一度，補足や言い直しを含めて結論を述べてまとめとす
ることになる。経緯を説明するときに，細かいことまで述べる人がいるが，
これは自分の主張を理解してもらうためには逆効果になることが多い。結論
に至った経緯を全体として把握してもらうことが大切で，詳細については質
問に答えるか，時間があれば，後で補足するようにするほうが良い。

　話の伝え方には，第1に，わかりやすい言葉で相手をひきつける話し方を
しよう。最近，報道等でよく耳にする「忖度（そんたく）する」などは「人
の気持ちをおしはかる」という表現のほうがわかりやすい。また，「遺産」
や「伝説，あるいは伝説的な偉業を成し遂げた人物」の意味で使われる
「LEGACY（レガシー）」や「LEGEND（レジェンド）」という英語を，直感
的に意味を理解するほどには耳慣れている人は少ないであろう。聞き手が，
わかりやすく理解しやすい言葉で話すべきである。

　次に，話し方について考えてみよう。大切なことは，笑顔で，明るい声で，
はきはきした口調で，楽しく話すことである。さらに，言葉に強弱をつけ，
大事なところや理解しておいてほしいところは，大きな声で強く話すと，印
象付けやすい。また，適当な間を取ることが，聞きやすい話し方である。書
かれた文章でも，読点のない文章は，読みにくく，意味がわかりにくいのと
同じように，話すときにも，時々息継ぎをゆっくりとして，間（休符）をと
らないと聞きとりにくくなる。立て板に水を流すがごとく数分も話される
と，何を言いたいのか，強調したいのかを，聞き手が自分で反復して理解す
る時間がないことになる。落語を聴くと，間のとり方の勉強になるだろう。
最後に，頷きがあるか，首をかしげる人がいるか，聞き手全体の様子を確認
しながら話すためにも，間が重要な役割を果たしている。聞き手の様子を見
るときには，視線を1点に固定せず，すべての人を眺めるように，ゆっくり
と顔全体を動かすことが必要となる。

　また，話すときは，内容の流れやキーワードを覚えておき，原稿を見ずに，

間違えて言い直すことがあってもよいし，話し忘れたことがあってもよいので，聞き手を見て，聞き手の反応を考えながら，早くならないように，適当な速度で話すことに気をつけよう。聞き手の意識は，話し手の視線の方向に集中するので，たまに原稿を見ることは問題ないが，常に原稿を見ていると，聞き手の意識が宙に浮いてしまう。PC を利用する場合に，モニターばかりを見ることもよくないことである。同じように注意しなければならないのが，スクリーンを使って話すときである。話し手がスクリーンばかり見て話していると，聞き手の視線もスクリーンに釘付けになり，話を聞いていても内容が意識に残らない。強調したいときや説明に必要なときには，スクリーンを見て，差し棒やポインターを利用してみよう。重要なのは，聞き手の意識を引き付けることである。

　最後に，人柄である。同じ内容のことを話す場合にも，話し手の個性がでる。内容の組み立て方や強調の仕方，また，表情や間のとり方，話し方，視線の動かし方などは一人ひとり特徴がある。自分の個性を大切にしながら，上手な人の話し方をよく観察して，良いところを真似てみることも上達するコツである。

　さらに，聞き手に与える印象が大切である。明るく，はきはきと話すことも，良い印象を与えるが，姿勢も重要な要件である。手や足など身体をムダに動かしていると，落ち着きがないと見られるし，前髪が下がってくるのを気にして，頻繁に髪に手を持っていったりすることも，良い印象を与えない。立って話すときに，手を後ろで組むのも，マナー違反である。

　セミナーや講演などで，聞き手が初めて会う不特定多数の場合の話し始めについては，別の注意が必要となる。このような状況では，聞き手との信頼関係が成立していないので，まず，聞き手を引き込むために，本題のテーマには入らず，意外性を表すようなデータを示したり，質問をしてみたりすることで，聞き手の気持ちをつかむことが大切である。

〈メールによるコミュニケーション・マナー〉

　ここで，補足的に，メールによるコミュニケーション・マナーについて述べておこう。最近，学生の間では，友人同士の携帯電話でのメール交換が多いため，マナーに欠けるメールをよく受け取る。学生同士では，メールアドレスが登録されていて，送信者の名前を書かなくても，誰からのメールかがわかるのが当然になっている。しかし，送信者の名前を書かなかったり，件名を書かなかったりすることは，社会人としてはマナー違反であることに注意しよう。

　件名は，内容を端的に表す言葉で，必ず書くことが求められる。メール本文では，まず，宛先の役職と名前，そして自分の名前に続いて，挨拶を書き，内容では，結論を述べ，簡潔に説明を加え，最後の言葉で締めくくることになる。さらに，名刺代わりの署名を含めれば，言うことはない。友人ならば，挨拶は不要であろうが，件名と宛名，自分の名前は，忘れないようにしよう。

4．将来に向けての目標を立てよう

　今までは，現在の自分を見つめ，自らの行動について，改善していくべき事柄について述べてきた。この単元では，将来に向けて，キャリアを形成し，充実したものにするための方策について考えていこう。まず，目的・目標・手段の意味と関係を理解し，目標達成のための有効な手段の使い方を見ていく。また，目標達成に向けて計画を実行した場合に，必ず必要なことは，実行結果をチェックし，目標や計画を見直すという PDCA サイクルへ持ち込むことである。ここで重要なことは，目標は具体的な数値を用いて考えることである。

〈キャリア形成のための戦略〉

　今までは，現状を改善するためのツールについて述べてきた。ここでは，将来に向けてキャリアをいかに形成していけばよいかについて考えてみよう。第 2 次世界大戦以前に，ドイツ軍参謀本部で，フランスのパリを陥落させるためにとったといわれる作戦計画の指標が，「目的はパリ，目標はフランス軍」である。これは，目的と目標の区別を明確にしたものであり，「パリを陥落させる，そのためにはフランス軍を撃破する」ことである。次には，どうやってフランス軍を撃破するかというと，「そのためには，機甲師団で電撃的に進行する」という手段まで考えなければならない。いわゆる戦略の話題である。この例では，パリを陥落させるにはどのような戦略をとるべきかという議論で，現在では，ビジネスにもこの考え方が用いられている。

　まず，目的と目標の違いについて考えてみよう。イソップ童話にあるとされる「3 人のレンガ職人」という訓話がよく用いられる。簡単に説明すると，

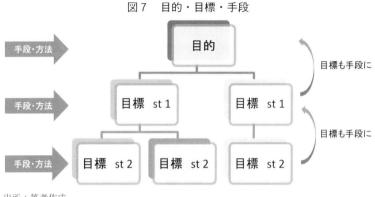

図7　目的・目標・手段

出所：筆者作成。

　旅人が道を通りかかると，3人の男がレンガを積んでいた。「ここでいったい何をしているのか？」と尋ねると，1人目の男は，辛そうに「ここで毎日レンガを積んでいるのさ」と，2人目は，それほど辛そうではなく「塀を作っているのさ。この仕事で家族を養っているんだ」と，3人目の男は，楽しそうに「歴史に残る偉大な大聖堂を造っているんだ」と答えた。同じ仕事をしていて，どこが違うのだろう。3人とも今日の仕事はレンガを何個積むことという目標は持っている。しかし，1人目は，何のためにやっているのか仕事の目的を持っていない。2人目は，生活費を稼ぐという目的を持っており，3人目は，後世に残るものを作るという貢献を目的としている。すなわち，目的は，実現・到達しようとして目指す事柄（Goal）であり，目標は，目的を実現させるために目指し成し遂げていくべき具体的事柄・計画（Plan）ということができるだろう。目的は抽象的でも良いが，目標は数値的に具体的な達成の標となるものである。また，目標は，1段階だけではなく，図7のように，目的に向かって，順に達成していくものとして段階的に考えなければならない。つまり，目「的」は「まと」であり，目「標」は「しるべ」を意味する。

　さらに，それぞれの目標を達成するための，手段（Do）が必要になる。

どのような手段や方法で目標を効率的に成し遂げられるか，である。また，達成された目標も上位の目標達成のための手段として利用することが可能である。

　ここで，「目的→目標→手段」の例を挙げてみよう。レンガ職人の例でも，大聖堂を造ることを目的と考えれば，壁を作ることは目標であり，毎日のレンガ積みのノルマは下位の目標と捉えることができ，さらにレンガをひとつずつ積み上げていくことは手段と考えることができる。また，高校生のＡ君が，将来起業して社長になりたい（目的）と考えていたとしよう。そのためには，社会の情勢を理解し判断する力が必要であると考え，良い大学の経済学部へ入ること（目標）をめざし，そのためまず今学期の成績順位を10番上げること（目標）に照準を定め，自分で1日5時間勉強に打ち込むこと（手段）にした。あるいは，自分だけで勉強する代わりに，塾へ行って勉強することも，ひとつの手段の選択肢にもなるであろう。

　このように，手段や直近の目標には，具体的な指標が必要である。これを抽象的にしておくと，実際の行動指針があやふやで，具体的に何をどのように実行して良いかが不明瞭で，成果のある実行が伴わなくなる。また，目標がどの程度達成されているかも判断できない。もうひとつの注意事項は，手段を目的・目標と混同しないことである。たとえば，成績順位を上げるために1日5時間勉強するとした場合，5時間勉強して満足し，勉強したから，順位は上がるはずだと勘違いしてしまうケースがある。これでは，5時間勉強することが目標になってしまっている。何のためにどのような勉強をどのようにするかをしっかり考えなければならない。手段として，ここまで考えなければならない。

〈目標達成への道：PDCA サイクル〉

　ここでは，PDCA サイクル（図8）について考えてみよう。PDCA とは，統計学者のウイリアム・エドワード・デミング（William Edwards Dem-

図8　PDCAサイクル

出所：筆者作成。

ing）によって提唱された業務管理の方法で，生産管理や品質管理に利用されるのみならず，現在では多くの企業や学校で業務改善などを目的として利用されており，政府もそれを改善方法として提案している。

　PDCAとは，「Plan（計画）」→「Do（行動・実行）」→「Check（評価・検証）」→「Act（改善）」をいう。それぞれについて，簡単に説明しておこう。まず，「Plan」とは，目標を達成するために，何をすべきかを考え，具体的な実行計画を立てることである。この段階で重要なことは，目的や大きな目標を意識するのみではなく，段階的に実行可能な目標を考え，具体的に数値化された計画を設定することである。具体化されていないと，行動指標がはっきりせず，行動結果を具体的にチェックできないことになる。次に，「Do」とは，Planに沿った計画を実行することであり，自分の行動の目標はどこにあるか，常にPlanを意識しながら行動することが大切である。「Check」は，Doの結果を，Planの達成という点から，評価し，問題点を検証することである。計画通りに目標が達成されていればよいが，もし達成されていなければ，その原因を具体的に探らなければならないので，どのような観点で評価するかということは重要である。Doの実施が適切ではなかったり，不

十分であったりして達成できなかったのか，Plan の目標が高すぎて，計画通り Do を実行しても，その達成が不可能であったのか，などを明確にすることが大切である。この Check が十分に作用しないことが，PDCA サイクルがうまく回らず，目標が達成されずに，失敗する原因であることが多いので注意しよう。最後が，「Act」で，Plan を再構築する改善行動である。目標自体を変更する場合もあれば，実施計画を変更しなければならない場合もある。しかし，この4つの項目が1周で終わるものではなく，Plan の目標が達成されれば，より高い目標へと上昇志向を持って，らせん状にサイクルを継続的に回すことに意義があることを覚えておこう。

　例を挙げて，PDCA サイクルについて説明しよう。たとえば，TOEIC の試験で900点を取ることを目指しており，現在500点であったとする。1か月後の試験で600点を取ることを目標とし，平日は毎日2時間勉強するという Plan を立てた。この結果には次のような場合が考えられる。

（1）がんばって計画通り2時間の勉強を実行した。しかし，1か月後の試験では570点しか取れなかったため，計画と実行について問題点をチェックした。570点取れていたので，計画の水準が高すぎたというよりも，2時間という勉強時間か勉強内容に問題があったと考えられる。そこで，不得意なリスニングを重点的に勉強する内容に変更し，1時間半をリスニング，30分を長文のリーディングの学習とするように改善を決定した。この場合は，次の Plan の目標は600点で変更せず，勉強方法を明確にし，改善したことで，Do へ進むことになる。

（2）つい怠けてしまい，週に3回程度しか計画を実行できなかったため，目標の得点に届かなかった。自己コントロールに甘さがあったことを反省し，勉強の時間管理を徹底することとした。毎日の勉強スケジュールを作成し，時間や内容，成果などのチェックリストも活用するように改善し，目標に向けた実施計画を見直した。

（3）計画通り勉強が進み，目標をクリアし，620点を得点した。しかし，より高得点を狙うためには，リスニングの強化が必要であると考え，寝

る前に20分程度，VOA や NHK の英語放送を繰り返し聴くという改善策を立てた。これによって，Plan として 1 か月後の目標を700点とし，勉強時間はそのままで，リスニング強化時間を加えることにした。

　このように，具体的な数値で目標をたて，それに対して，実行結果を具体的に検証すること，さらに具体的な形で改善策を考え，次の計画につなげていくことがキャリア形成の基礎である。また，ここで大切なことは，すべてについてメモを作成し，文書に残しておくことであり，これは，同じミスを繰り返さないために重要である。これが，PDCA をサイクルでまわすことである。

　多くの企業では，1 年の初めに業務の達成目標を書かせ，半年後や 1 年後にその達成度や問題点をチェックさせ，それを基礎に業務の改善提案をさせている。今すぐにでも，1 年の目標を掲げ，半年終わったときに目標の達成度と反省を，残りの半年に向けて行動改善のために計画を練り直していくことを実行してみよう。自分の行動を振り返り，同じミスをしないように，問題点の発見と改善に向けて考えることが大切である。

5．キャリアアップの前に，社会の常識を守ろう

　この単元では，社会人として守らなければならない「ホウ・レン・ソウ」について理解しよう。「ホウ・レン・ソウ」について尋ねると，多くの人が知ってると答える。しかし，正確に理解し，実行できている人はどれくらいいるだろう。特に，報告と連絡を混同して考えている人がいるので，ここで，しっかりと社会人としての行動原則を身に着けておこう。

〈人としての行動原則：報告・連絡・相談〉

　「ホウ・レン・ソウ」という言葉を聞いたことがあるだろう。この言葉は，よく社会人として守るべき基本的マナーと言われるが，高校生であっても大学生であっても守らなければならない，社会の常識である。「ホウ」は「報告」，「レン」は「連絡」，「ソウ」は「相談」のことであり，意味するところを正確に理解し，実行しなければならない。

　まず，「報告」とは，指示された事柄に関して，適宜，進捗状況や結果を伝えることである。物事を指示されたとしても，すべてを自分の思い通り自由にできると勘違いしないことが重要で，すべてを任されたわけではないことを心に留めておくべきである。したがって，適宜，指示を出した人に状況を伝えるようにしなければならない。伝えたいことの結論を述べ，必要に応じて説明を加えると，進捗状況に問題があったり，状況が変化したときには，適切なアドバイスが得られるだろうし，方向性が誤っていれば，早いうちに修正できることになる。では，「適宜」とは具体的にいつだろうか？　指示されたことが完了したときはもちろんとして，社会人であれば，生産管理を任されている状況では，部品の納品日が変更になったとか，生産ラインに不

具合が生じたとか，また学生のクラブ活動であれば，練習試合の準備を任されていたが，日程を誤って会場を予約してしまい，他の会場では使用料金が非常に高くなるというようなケースでは，早めに報告しないと取り返しのつかない事態を招くことになる。このように具体的な問題が生じていなくても，順調に進んでおり，予定通り現在この段階にあるという，重要なステップごとに中間報告をすべきである。これによって，業務の進行に関して，指示を出した人とも情報を共有できることになる。

　次に，「連絡」について考えてみよう。「連絡」とは，意思疎通のために，適宜，関連する人に情報を伝え，情報の共有化を図ることである。よくあるケースが，電話である。自分が担当ではない事柄で電話を受け，担当者への伝言を頼まれたとしたら，相手の所属，名前はもちろんのこと，電話を受けた時刻，依頼された内容を伝えなければならない。さらに，これらに加えて，電話の相手と打ち合わせた担当者の取るべき対応についても伝えることも大切な要件である。伝える方法は，必ず，文書かメモで行い，担当者の目に付きやすいところに置くことが必要であり，「言った」「言っていない」「聞いていない」などで，揉めることを回避するために，口頭での伝達は避けることが大切である。また，メールでもよいが，情報が伝わっていることを確認できるように，受け取りの返信を依頼するべきである。

　自分もその業務にかかわっている場合には，関係しているメンバー全員に連絡し，情報を共有することは当然である。情報が共有されていないと，次に他のメンバーに連絡が入ったとき，情報が伝達されていないと困ったことになり，個人やグループの信頼性だけではなく，そのグループの所属している組織も信頼性を損なうという事態，たとえば企業であれば，取引が中止になることもある。

　最後に，「相談」について述べておこう。判断に困るときやアドバイスが欲しいときには，上司や先輩，同僚に話を聞いてもらうことによって，解決の糸口が見つかる。自分だけで決めて，重大なミスを発生させたら取り返しのつかないことになるかもしれないので，判断に困ったときには，自分だけ

で解決しようとしないで他の人の意見を聞くことである。

さて，「ホウ・レン・ソウ」は簡単にできそうだと思う人がいるが，案外失敗することが多い。その理由を考えてみよう。第1は，これぐらいのことは，わざわざ言う必要がないと自分で判断してしまうことである。第2に，面倒くさいと思っていたり，後ですれば良いと思っていたりして，タイミングを逃してしまう場合である。第3に，自分で判断できないのかとか，ミスをしたのかとか，報告が遅いとか，言われそうで，自分に都合の悪いことは，言いたくないという心理が働いてしまうことである。最後に，自分に任された業務だから，中間報告は必要ないし，自分の好きなようにやりたいという意識が働くことである。これらは，グループや組織に属しているメンバーの情報共有を妨げ，それが原因で，大きなミスを誘発したり，メンバーや上司に迷惑をかけたりすることになる。

しかし，これらをすべてクリアしたとしても不十分である。適切に「ホウ・レン・ソウ」を実行するための注意点を述べておこう。

第1に，悪いことは，早いうちに，かつ対面で，連絡・相談する。

第2に，結論から，かつ具体的に，5W1Hを意識し，できる限り数字を用いて説明する。

第3に，事実と，推測や意見とを区別して伝える。

第4に，メールの場合には，内容を的確に表すわかりやすい件名をつけ，受け取りを確認することが大切である。

関係するすべてのメンバーでの情報共有を優先して考えるべきであり，対応は迅速に，内容は結論から具体的に，を忘れずに行動していこう。

6．目標達成に向けて，グループでアイデアをだしてみよう

　ここでは，グループでアイデアを出したり戦略を考えたりするときの手法について学ぼう。企業では部署内のグループや部署を横断したプロジェクトチーム，あるいは大学ではクラブやゼミナール，クラスでの委員など，すべてグループでの活動であり，協働が求められる。そこで，グループに与えられた目標を達成するために，意見やアイデアを出し，目標を達成するための手段を考える方法について考えてみよう。

〈ブレインストーミング（brainstorming）と KJ 法〉

　ブレインストーミングとは，5人から8人程度のグループで，参加者全員が，あるテーマに対して，自由に意見やアイデアを出し合い，新たな発想を導き出す方法である。最近のアクティブラーニングで利用されることが多い手法である。事前にテーマを周知させておくケースや，その場で数分間参加者が各個人で考えるケースがある。

　このブレインストーミングには，4つのルールがある。第1は，「質」より「量」である。いろいろな角度から，思いついたアイデアを，何でもよいから提案する。くだらないと思うアイデアでも，似ているアイデアでもかまわないので，できる限りたくさん出す。第2には，人の意見を批判しない。批判されたり，否定されたりすると，意見を言いにくくなったり，よいアイデアが生まれなくなってしまう。第3には，全員の自由な発言である。すべてのメンバーが自由に意見やアイデアを簡潔に述べ，長く説明はしない。第4には，他の人の意見に付け加えたり，2つのものを組み合わせたりすることも自由である。こうすることによって，アイデアが広がったり，思いもか

けないアイデアが出てきたりすることになる。

　具体的には，司会者を決め，各自が付箋紙に，10文字から15文字程度で自分の意見やアイデアを大きな字で書き，読み上げながら，ホワイトボードや模造紙に張っていく方法がとられる。はじめの1巡目は，司会者が順に指名をしていき，その後は自由に意見を出し合って進められるが，同じ人が集中的に話さないようにすることが大切になる。まず，意見を出し合って，話し合い，多様な考え方のあることや意見のあることを理解することが重要であり，初めから結論を導こうとしないことである。また，出された意見に対して，「なるほど！」とか，「それいいね！」とか，肯定的でポジティブな反応をして，場を明るくすることも良いアイデアが多く生まれるコツである。

　さて，意見が出揃ったところで，まとめに入らなければならない。ブレインストーミングの意見をまとめていく方法に，KJ法がある。KJ法は，文化人類学者の川喜多二郎が考案した発想法で，名前の頭文字を取って，KJ法と呼ばれている。参加者から出された断片的なアイデアを，関連性の高いものからグループ化して分類・統合していく手法である。実際には，参加者全員で議論をしながら，ホワイトボードや模造紙に張られた付箋紙のなかで，共通性や関連性の高いものを近くにまとめ，グループに見出しをつけていく。まとめていくときに，新たなアイデアがでてくれば，それも付箋紙に書いて追加していけばよい。いくつかの小さなグループができたら，次に関連性のあるグループを集めて少し大きな中グループへと広げてみよう。どのような関連性を持つのかを意識しながら，見出しをつける。これを繰り返すと，アイデアの集約がなされ，テーマに対しての重要なものを見出すことができる。

　授業で行う場合の一例としては，「経済学部のカリキュラム改善の提案を考えよ」というテーマがある。授業前に，学年をこえてなるべく初対面となるメンバーのグループを事前に作っておく。授業開始時に示したメンバー表で，グループに分かれ，自己紹介の後，司会者を選ばせる。事前にテーマを知らせてあるが，初めに，カリキュラムの現状と問題点を，個人で5分程度

考え，付箋紙等に記入した後，グループで，30分間，ホワイトボードや模造紙を利用して，報告しあい，意見をグルーピングする。次に，目標や手段という観点から，アイデアを出し合い，30分で改善提案をまとめ，グループごとに数分で報告する。グループ数にもよるが，提案されたアイデアについて，グループ間で討議を行っている。

〈SWOT 分析〉

　SWOT 分析（表1）とは，個人でもグループでも利用できる，決められた目標を達成するための戦略を構築するのに有用な1つのツールである。個人や組織は，内部環境要因として，目標の達成に対して，自分や自分の組織でコントロールできる要因である，貢献できる強み［S（Strength）］や，障害となる弱み［W（Weakness）］を持ち，外部環境要因として，自分達の努力では変化させることができない，外部の貢献できる状況である機会［O（Opportunity）］と障害となる脅威［T（Treat）］に直面している。これらを分析することによって，個人，企業，団体などは，目標を達成するための戦略を立てるのである。特に，目標達成のための強みと機会を組み合わせることができれば，ベストであるが，弱みを少しでも克服でき機会を利用することができる戦略もセカンドベストであると思われる。

　強みと弱みは，自己分析の項で述べたように，他と比較しての相対的なものである。ここでは，目標を達成するために，自己の持っているものや自分でコントロールできるものでプラスの要因に働くものを強みと考え，マイナス方向に影響を及ぼす要因を弱みと考えることになる。

　また，外部環境要因とは，ライフスタイルや価値観，流行などの社会要因，景気などの経済要因，技術や産業構造などの産業要因，海外情勢などの国際要因というマクロ環境や，市場や規制，制度などの市場要因，ニーズの状況などの顧客要因，競争や新規参入などの競争要因といった身近なミクロ環境などを指す。しかし，内部要因や外部要因を，貢献に値するプラスの要因と

表1　SWOT 分析の例

目標	2 年後には，IoT を利用した高齢者見守りのサービス企業を起業したい	
	自分の強み（Strength）	自分の弱み（Weakness）
内部環境	・積極性と人を巻き込む力がある ・経済と福祉を勉強しているので，社会ニーズを見る目がある ・IT システム開発は，専門家とすでに始めている ・マーケティング・財務専門の友人がいる ・高齢者が身内にいるので，問題点を理解している	・英語力が弱い ・営業能力が高くない ・販路開拓技術がない ・融資担保がない
	有利な外部機会（Opportunity）	障害となる外部脅威（Threat）
外部環境	・IoT が社会で注目されている ・高齢化が進展しており，1 人暮らし老人の見守りに社会ニーズが高い ・金利が安い	・今後の経済成長が不明である ・他企業との競争が激しくなる

出所：筆者作成。

みるか，障害となるマイナス要因とみるかは，個人や企業によって異なる評価となる場合がある。たとえば，通学時間が1時間半にも及ぶ学生は，これを一般に時間のロスとして脅威の外部要因と捕らえると思われるが，英語を聴いて勉強に励んでいる学生では，機会の要因として考えるかもしれない。他の例では，新しい高速道路の建設・開通は，時間短縮を望む人や企業にとっては，機会であるが，以前に利用されていた幹線道路にあるドライブインやレストランにとっては，交通量の減少から脅威となるだろう。

　SWOT 分析の例を挙げて考えてみよう。ここでは，個人の例として，A君が，2年後には，IoT（Internet of Things）を利用した高齢者見守りサービスの企業を起業したいという目標を持っていたとしよう。機会と強みを組み合せると，高齢者の増加から，見守りに対する社会的ニーズの拡大もあり，強みから，システム開発や顧客獲得などに関する業務協力者を巻き込み，起

業にむけて着々と進めていけると思われる。しかし，弱みを考慮すると，担保がないので，銀行からの融資を獲得するためには，企業の活動内容や収益性については十分説明できるように準備をしておかなければならない。また，脅威である他企業との競争に打ち勝つには，高齢者にやさしい独自性を持ったユニークなシステムの開発を行わなければならない。

授業でのSWOT分析は，ブレインストーミングの例「経済学部のカリキュラム改善の提案を考えよ」をテーマにグループワークを行ったり，「卒業時までの学生生活を改善する提案を考えよ」という個人的テーマで実施することがある。外部環境を掘り下げて考察できるかどうか，社会をいかに十分に観察しているかがキーポイントとなる。

ま　と　め

　授業内容に沿って，自己分析とキャリア形成について，私の経験から学んだことを書いてきた。読む人が，文字としてではなく，感覚として，今，考えるべきことややっておくべきことを感じ取って，何かの行動を起こしてくれることを願っている。学生時代は短い，その期間を将来の生活設計という観点からのキャリア育成に役立ててほしい。

　自己分析などは，経験をつむことにより変わるので，何度でもやるべきであり，自分の強みを引き出し，弱みを少しでも克服するように心がけるべきである。自分で考えることも大切であるが，困ったときには，第三者の意見を聞いてみるのもよいだろう。さらに，発想を広げるためには，まず，モノを見るための様々な視点について学び，実際に実行してみること，他の人の意見を聞いて異なる見方があることを理解することなどが大切である。また，新たに経験したことのみならず，日々の変化で良いから，感じたことを言葉にしてみることも有益である。さらに，社会人としての基礎力を身につけるのみならず，社会人としての人間力を高めることにも努力しよう。

　コミュニケーションの基本はお互いの信頼であり，コミュニケーション力を育てるためには，まず，「自分から」を心がけ，他の人の意見を尊重し，理解することが大切であり，会話に「正解」はないことを意識しよう。会話は，相手の目を見て，笑顔で，挨拶することからはじまる。相手の意見を最後まで真摯な気持ちで聞くことに加えて，理解や同意を示すことも忘れないようにしよう。また会話は簡潔な言葉を意識し，キャッチボールできるように話すことを心がけよう。また，講演などのプレゼンテーションでは，内容をわかりやすく整理し，言葉は明確に，歯切れよく，間の取り方に注意し，全体を見渡すように話すことを身につけよう。

プレゼンテーションについて，本文では触れなかったが，ひとつ追加的に重要なことを述べておこう。それは，表やグラフなどの資料である。資料は誰かに見せるために作成されるものであり，一種のプレゼンテーションである。したがって，一目見て，相手が内容を理解し，こちらの主張がわかるものでなければならないことを意識して作成しよう。単に作ればよいというものでない。依頼された資料作成であれば，どのような場所で，どのように利用するのかを確認しておくべきである。

さて，目的や目標を持たずに行動する人はいないであろう。生活設計をするにも必ず目的や目標は必要である。最終到達点を意味する目的に対して，目標は目的までの道程の各段階における「標」であり，それぞれの目標は具体的に設定しなければならない。具体的な目標と，その達成に向けた具体的な計画を設けることで，実行もしやすくなり，その達成についての問題点をチェックして，改善策を考えることが可能になる。これが PDCA サイクルであり，多くの企業においてこのシステムは採用されている。

次に述べたのは，社会人としての常識である「報告・連絡・相談」である。報告（ホウ）と連絡（レン）を間違えないように注意しよう。報告は，指示された業務について指示者に対するものであり，連絡は，グループ内等での情報共有を目指すものであり，タイミングを逸しないように行わなければならない。また，相談（ソウ）は，判断に困ったときには，自分だけで結論を出さずに，即座に関係者に意見を聞くことが必要であり，これを怠ると，重大な問題を引き起こす場合がある。重要なことは，早めに，実施することである。

また，アイデアや意見を出し，改善提案をみつけるグループワークの方法を身につけよう。社会では，1人で仕事をすることはなく，何らかのグループや組織での協働である。そこでは，質より量で，何でもかまわないので意見やアイデアを出すことからはじめ，それらに標識をつけて関連性の高いものをグルーピングし，さらにグループ同士の関連を考慮して提案を議論していく。また，SWOT 分析を使う場合には，強みと弱みを分析し，外部要因

を考慮して，強みと機会を組み合わせたいくつかの案から最善の策を探していくことになる。グループのリーダーとして行動しなければならないときが必ずくるので，しっかり覚えておこう。

　最後に，社会人として必要なことは，社会の常識である。ここでいう常識のひとつは，新聞を読んだり，ニュースを聞いたりして，社会の情勢を認識することであり，これが，会話のきっかけになることも多い。まず，1日30分でよいから，「なぜ」という意識を持って，ニュースに接することが大切であり，はじめは意味がわからなくても，時系列的に継続することで，内容が理解できるようになる。学生時代から訓練しておくことを勧める。第2には，メールのマナーを習得しておくことである。自分の名前や用件を書かないのは，相手に対する礼儀を失することになる。第3には，メモを取ることである。あとで問題が生じないように，話の内容は必ず確認しなければならないが，すべての要点を覚えておくことは困難である。たとえば，2分間メモを取らずに説明を聞いたとしよう。話し言葉を文字にすると，平均1分間に300字ほどの速さだといわれているので，約600字，A4判用紙で約半分の量である。これだけの量を，間違いなく記憶し，説明を受けた後，確認することは無理である。メモを取ることによって，疑問点や聞き逃した点などを整理し，確認することができるので，メモを取ることは大切である。

　いろいろなことを体験し，自分を高め，目的と具体的な目標を持って行動していくことが，将来に向けたキャリアを形成するために重要である。目標を必ず達成するという強い意思と，目標が達成できなかったら，手段を変えて，何度でもチャレンジする気持ちを持ち続けよう。

あとがき

　この〈21世紀南山の経済学〉は，南山大学経済学部創設50周年を記念して発行されているブックレットで，高校生に大学の授業の一環を知ってもらうことを目的に，主に授業の一部を切り取った内容をわかりやすく解説して作成されているシリーズである。経済学部教員が順次執筆しており，この冊子は8冊目となる。

　ブックレットのテーマとして，キャリア形成を取り上げた理由は，私が経済学部独自の講義科目である「自己とキャリアの形成」を担当してきたことである。17年間にわたって，企業の人事担当者や役職者の方々と接する機会が非常に多い就職関係やインターンシップ関係の委員会業務に携わっていたことが影響している。この期間に，社会人として企業が求める人材像や企業の研修制度・内容などについて多くのことを学ぶことができた経験から，この講義を設計・担当している。また，2008年度から現在まで継続して，日本私立大学連盟アドミニストレータ研修で指導員を務めている。大学のマーケティング戦略や，財務，人材・組織マネジメントに関する講義を，参加教職員と一緒に受講したり，研修グループの指導を行ってきたりした経験は，この講義をより充実させることに貢献している。

　この講義の特色は，学生参加型の授業であるところにある。たとえば，2分間スピーチとして，自己PRや学生・生活で頑張っていることについて発表させたり，それに対するコメントをもとめたり，グループワークを行ったり，毎回，リアクション・ペーパーを書かせたりしている。リアクション・ペーパーの内容は，その日の講義に関連したもので，10年後の自分の社会人としての生活を想像して書かせたり，授業への参加目標についてのPDCAを講義の中間時点で書かせたり，働くとはどういうことだと考えるかを尋ね

たり，また，イメージマップやSWOT分析を行わせたりしている。さらに，講義では，3社の企業から人事担当者など経験豊かな方に来ていただいて，キャリアという観点から「学生時代にすべきこと，しておくべきこと」について講義をしてもらっており，非常に好評である。

　したがって，このブックレットの内容は，理論や文献に裏打ちされたものはなく，私が経験してきた，学んできた実践的なことを，参加した学生が直感的に理解し，自分自身で将来に向けたキャリアを考えるための一助になるようにまとめたものである。

　したがって，参考文献は記載していない。引用した『孫子』の一説も，人によって，現代訳が異なるし，レンガ職人の例は，よく聞く話であるが，文献は確認できない。また，社会人基礎力，マインドマップ，PDCAサイクル，ブレインストーミング，KJ法，SWOT分析などは，多くのホームページで見ることができるし，コミュニケーションやプレゼンテーションの手法や内容についても，いろいろな意見を検索で見つけることができる。しかし，偏った意見もあるので，情報の選択には注意が必要である。

　最後に，私の専門は計量経済学であり，統計学や数学を基礎とし，コンピュータを利用して経済事象を分析する学問領域である。しかし，この分野について，いま高校生に興味を持ってもらえるようにするよりも，将来を考えながら大学生活を有意義なものにしてもらうことのほうが大切であると考えている。いろいろなことを体験し，自分を高め，目的と具体的な目標を持って「行動」していくことが，将来に向けたキャリアを形成するために重要である。目標を必ず達成するという強い意思と，目標が達成できなかったら手段を変えて，何度でもチャレンジする気持ちを持ち続けよう。

【著者紹介】

近藤　仁（こんどう・ひとし）

1950年生まれ。

1986年　The University of New South Wales（Australia）, Post Graduate Course（Economics）修了（Ph. D.）

専攻　計量経済学・理論経済学

1977年に南山大学経済学部講師，助教授を経て，1993年から南山大学経済学部教授

主要業績：

"Reexamination of the Limited-Information Maximum Likelihood Estimation"（with Y. Kimura）, in D. A. Griffith, C. G. Amrhein, and J-M. Huriot（eds）, *Econometric Advances in Spatial Modelling and Methodology*, Kluwer Academic Publisher, 1998.

「識別・連立方程式モデルとシミュレーション」，「連立方程式体系における推定」，木村吉男・中山恵子編著，『初等統計・計量経済分析のための教育システム』，勁草書房，2000。

"Optimal Backup Interval of a Database System Using a Continuous Damage Model"（with S. Nakamura and T. Nakagawa）, in T. Dohi, S. Osaki, and K. Sawaki（eds.）, *Recent Advances in Stochastic Operations Research II*, World Scientific Publishing, 2009.

「経済理論を理解するツールとしての「微分」学習システムの研究」『南山経済研究』第30巻第3号，2016。

〈21世紀南山の経済学⑧〉

学生時代にキャリア力を身につけよう

2018年1月20日　　第1刷発行　　　　　定価（本体700円+税）

著　者　近　藤　　　仁

発行者　柿　﨑　　　均

発行所　㈱　日本経済評論社

〒101-0062　東京都千代田区神田駿河台1-7-7
電話　03-5577-7286　FAX　03-5577-2803
URL：http://www.nikkeihyo.co.jp

装幀＊土岐悠二　　　　　　印刷＊文昇堂・製本＊根本製本

乱丁・落丁本はお取替えいたします。　　　　　　　Printed in Japan
ⓒ Kondo Hitoshi 2018　　　　　　　　　ISBN978-4-8188-2490-4

・本書の複製権・翻訳権・上映権・譲渡権・公衆送信権（送信可能化権を含む）は，㈱日本経済評論社が保有します。

・ JCOPY 〈㈳出版者著作権管理機構　委託出版物〉
本書の無断複写は著作権法上での例外を除き禁じられています。複写される場合は，そのつど事前に，㈳出版者著作権管理機構（電話03-3513-6969，FAX03-3513-6979，e-mail: info@jcopy.or.jp）の許諾を得てください。

〈21世紀南山の経済学〉は，南山大学経済学部創設50周年を記念して，2010年より経済学部教員が順次執筆し，シリーズとして刊行するものである。出版にあたって，日本経済評論社の御協力をいただいたことに感謝する。　　　南山大学経済学部・経済学会

21世紀南山の経済学

① 就職・失業・男女差別——いま，何が起こっているか
　　岸　智子著

② 高校生のための数学入門
　　西森　晃著

③ やさしい経済学史
　　中矢俊博著

④ 厚生経済学と社会的選択の理論——経済政策の基礎理論
　　水谷重秋著

⑤ キーワードを知れば経済がわかる
　　花井　敏著

⑥ リーマンはなぜ破綻したのか
　　荒井好和著

⑦ アメリカに振り回される日本の貿易政策
　　山田正次著

各本体700円（税別）